DOCUMENTS

ET OBSERVATIONS

SUR LE COURS DU BAHR-EL-ABIAD

OU DU FLEUVE BLANC,

et sur quelques autres points de géographie;

accompagnés de la carte du Bahr-el-Abiad;

PAR M. D'ARNAUD.

DOCUMENTS

ET OBSERVATIONS

SUR LE COURS DU BAHR-EL-ABIAD

OU DU FLEUVE BLANC,

et sur quelques autres points de géographie;

Accompagnés de la carte du Bahr-el-Abiad;

PAR M. D'ARNAUD.

— ◦◦◦ —

I. SECOND VOYAGE

A LA RECHERCHE DES SOURCES DU FLEUVE BLANC (1).

———

LETTRE *de* M. D'ARNAUD *à* M. JOMARD, *membre*
de l'Institut.

—

Du Kaire, le 12 janvier 1843.

...... Son Altesse le vice-roi d'Égypte m'a laissé
pressentir que je prendrais derechef le commande-
ment d'une nouvelle expédition pour aller encore à la
découverte des sources du Nil-Blanc : elle veut abso-
lument en avoir le dernier mot. Je vais mettre à profit

(1) Voyez le Bulletin de la Société de géographie pour juillet, août
et septembre 1842 (relation du premier voyage), et le Bulletin de
novembre.

1843

1

les quelques instants que j'aurai de libres pour conti-
nuer la relation de nos découvertes sur le cours du
Bahr-el-Abiad, qui résumera les notes de tous les
membres de l'expédition, et l'accompagner de cartes
fondées sur nos observations astronomiques, de plan-
ches, etc. Voici, en attendant, quelques mots sur
ces peuplades intéressantes, accompagnés d'une petite carte résumant nos découvertes, et la traduction,
en lignes pointées, des renseignements que nous ont
transmis les naturels sur les sources de ce fleuve béni.

Le Bahr-el-Abiad, depuis sa jonction avec le Bahr-
el-Azraq, à la pointe de l'île du Sennâr, par 15° 33,
de latitude nord et 29° 51′ de longitude est, jusqu'au
4° 42′ 42″ de latitude nord et 29° 18′ de longitude est,
que nous avons visité, présente un développement de
518 lieues de 25 au degré. Entre ces deux limites, on
compte environ deux cents îles, en majeure partie
submergées pendant l'inondation périodique; trois
d'entre elles ont environ 30 milles de longueur chacune. Par 9° 11′ de latitude nord et 28° 14′ de longitude est, se trouve l'embouchure du Saubat, qui a
encore deux dérivations assez considérables plus au
nord; il vient de l'est, et porte au Nil-Blanc près de la
moitié des eaux que fournit ce fleuve. Jusqu'ici nous
avions marché dans une direction générale S.-S.-O. ; à
partir de ce point, on fit voile vers l'ouest quelques
minutes nord, et l'on arriva dans un grand lac très
poissonneux, situé par 9° 17′ de latitude nord et 26°
47′ de longitude est, et renfermant des îles; sa surface
augmente considérablement au *maximum* de la crue
périodique du fleuve. Dans ce grand lac, une autre rivière, venant de l'ouest, vient verser ses eaux. Ne se-
rait-ce pas le Keïlak ou Misselad de Browne?

Cette rivière, le Saubat, et ses dérivés, sont les seuls affluents découverts jusqu'ici qui joignent leurs eaux à celles venant du sud ou du vrai Nil. Enfin, à partir de ce point, le lit du fleuve devient plein de sinuosités (*Kourdah* de Selim-Binbachi)(1); et il prend une direction générale sud-est jusqu'au terme de notre voyage.

La division naturelle des divers peuples qui habitent les rives du fleuve Blanc, et d'après leurs idiomes, nous offre quatre groupes bien distincts : les *Arabes nomades*, les *Schelouks*, les *Dinka* et les *Barry*, dont trois d'entre eux se subdivisent encore en tribus qui ont leurs intérêts à part, ainsi qu'il suit :

Mahamoudiés	
Cababiches	
Hassanats	Idiome arabe.
Hassanyés	
Djemelyés	
Bagaras	
Schelouks	*Id.* schelouk.
Dinkas	
Nouerrs	
Kyks	
Bendouryals	*Id.* dinka.
Thatui	
Bhorr	
Heliabs	
Chirs	
Elliens	
Bambar	*Id.* barry.
Boko	
Barry	

Les *tribus* comprises dans la première division du tableau ci-dessus habitent les deux rives du fleuve; ce sont des pasteurs nomades ayant des troupeaux de

(1) Voyez la relation du premier voyage. Le mot *Kourdah* n'avait pas jusqu'ici reçu d'explication; d'après M. d'Arnaud, il répondrait au sens de *coude*. (N. du R.)

chameaux, bœufs, moutons, etc. ; ils ont aussi quelques mauvais chevaux qu'ils tirent du Kourdofan. Ils ensemencent un peu de dourah dans l'intérieur, à la faveur des pluies tropicales, et ce grain, avec le lai de leurs troupeaux, sert à leur nourriture. Ils changent leurs parcs suivant la saison, et s'évitent ainsi des contrariétés qu'ils seraient à même d'éprouver sans cette précaution. D'après cela, comme on le devine, leurs demeures ne peuvent être que des tentes, et leur commerce un échange de bestiaux et d'esclaves contre quelques toiles grossières de coton servant à faire des chemises à larges manches, leur unique vêtement. Leurs usages domestiques offrent des particularités fort curieuses.

Les *Schelouks*. — Ce peuple nombreux et plein d'astuce habite la rive gauche sur un développement de cent milles environ. Sa population peut être évaluée sans crainte d'exagération à *un million*. Ils sont pasteurs aussi ; quoique favorisés d'un beau territoire, ils ensemencent très peu de grain de dourah, préférant vivre des graines des plantes qui croissent naturellement dans les terrains marécageux qui les avoisinent, de la pêche, leur plus grande occupation, enfin de rapines exercées sur les tribus des environs. Ils descendent, à cet effet, le fleuve avec leurs pirogues (qu'ils manient avec beaucoup d'habileté), jusque sous le 14° de latitude, et naguère jusqu'à la pointe de l'île de Sennâr ; les grandes îles boisées qui se trouvent dans ces parages leur servent de repaires. La réputation qu'ils ont d'être cruels et de mauvaise foi a empêché jusqu'ici toute relation suivie avec eux. Ils ne connaissent encore le luxe d'aucun vêtement. Ce peuple reconnaît comme son souverain un mek, nommé actuellement Niedak,

(5)

qui jouit d'une grande autorité. L'objet de leur véné-
ration est *Niécama*, qui se présente à eux sous la forme
d'un arbre. Ils habitent de jolis villages, chacun de
3oo à 4oo toucouls (habitation de forme cylindrique),
en terre, recouverts en paille, très peu espacés les
uns des autres, et étalés le long de la rive sur une,
deux et même trois rangées.

Les *Dinkas* et les diverses autres tribus qui parlent
à peu près le même langage sont essentiellement pasteurs de troupeaux de bœufs, moutons et chèvres seulement. Ils ne s'approchent des rives du fleuve que
lorsque l'ardeur du soleil a desséché toute l'herbe de
l'intérieur. Ils sèment très peu de dourah, et vivent,
ainsi que les Schélouks, de graines qu'ils récoltent en
faisant paître leurs troupeaux au milieu des troupes
d'éléphants dans les pâturages où vivent ces derniers.
Une partie se livre aussi à la pêche fluviale et à la pêche
des marais. L'influence des lieux qu'ils habitent se
fait sentir sur leur corps : ils ont un aspect maladif, et
leur nudité est laide à faire peur. La plupart de ces
tribus sont néanmoins guerrières. Les bœufs ont de
très grandes cornes ; ils rappellent le bœuf des anciens
Égyptiens. Chaque troupeau en a un qui est fêté et
honoré de tous les habitants de la contrée.

Ils habitent aussi des cabanes en terre et paille, de
diverses formes, *éparses* en général ; mais la majeure
partie des habitants vivent au milieu de leurs troupeaux
dans les parcs ; ils y dorment tous pêle-mêle dans les
cendres chaudes provenant de la combustion du fu-
mier de leurs bestiaux ; ce qui a, entre autres buts,
celui de produire de la fumée pour les garantir des
moustiques, qui sont nombreux et inquiétants. Ils nous
ont présenté, à notre passage, des bœufs à satiété, et

des dents d'éléphants en échange contre des verrote-
ries ; ils le font surtout depuis qu'ils savent que nous
désirons ces défenses, qui n'étaient employées aupa-
ravant qu'à faire des bracelets et des piquets où ils at-
tachaient leurs animaux.

Les dernières tribus, désignées par l'idiome *Barry*,
sont, comme les autres riverains, pasteurs ; ils s'occupent de la pêche ; ils sont agriculteurs et guerriers :
aussi remarque-t-on avec plaisir, en entrant dans leur
pays, de belles moissons pendantes sur tout le terrain
qui les environne et qu'entrecoupent en tous sens des
canaux naturels. Les bienfaits de l'agriculture et le
petit trafic qu'ils font avec leurs voisins de l'Est, leur
procurent une vie plus douce, et cette fierté libre qu'ac-
compagne si bien leur haute et belle stature (1). Ils
exploitent au pied de toutes les montagnes un très bon
minerai de fer et très abondant ; avec le fer, ils fabri-
quent des instruments agricoles, des lances et des
flèches pour leur usage et pour échange ; ils se servent de flèches empoisonnées. Ils habitent encore des
villages formés de touçouls, établis sur les rives, dans
l'intérieur des terres et sur les montagnes. Excepté
leur grand chef Lacono, qui était vêtu d'une chemise
en toile bleue de coton et d'un milaïéh les jours d'au-
dience, tous les autres sont nus, le corps oint d'une
pommade rouge à l'oxyde de fer. Le sexe, plus décent
ici qu'ailleurs, porte à la chute des reins une ceinture
à filets en coton parfaitement travaillée, et d'un joli
effet. Comme on le voit, l'intérêt allait croissant ; mais
à peine étions-nous entrés dans la vallée, formée par
de grandes chaînes de montagnes, que le lit du fleuve

______

(1) Le texte porte 7 pieds.

devint tout à coup hérissé de rochers et d'îlots syéni-
tiques, qui nous empêchèrent (vu les basses eaux de
la saison) d'aller plus en avant. Un séjour dans ces
pays, afin d'attendre la saison convenable et de con-
tinuer à la faveur des hautes eaux, était indispensable ;
mais, n'étant pas organisés à cet effet et ayant des
ordres contraires, nous nous en retournâmes.

Dans les hautes eaux, le fleuve serait encore navi-
gable au moins une trentaine de lieues, c'est-à-dire
là où se réunissent différentes branches, dont la plus
considérable vient de l'Est et passe au bas d'un grand
pays nommé Berry, à quinze journées plus à l'Est de
la montagne Bellénia. C'est du marché de Berry que
viennent des hommes rouges, et qu'ont été apportés
les vêtements du roi des Barry. Je présume que ce
sont des Sydamiens qui ont reçu ces vêtements par les
caravanes d'*Enarea* et de *Fadassi*, et qui les ont apportés jusqu'à ce marché. Ce qui précède prouve d'une
manière assez évidente que l'hypothèse généralement
adoptée, que les sources du fleuve viennent de l'Ouest,
est mal fondée. Je termine ici, malgré le projet que
j'avais fait, en commençant, d'en dire davantage sur
ce fleuve, qui doit devenir encore la route de nombreuses découvertes.

Je vous remercie, monsieur, d'avance de la protection que vous promettez à mes publications sur le fleuve
Blanc........ (1).

Veuillez agréer, etc.

D'ARNAUD.

---

(1) Voir la carte jointe au présent Bulletin.

Remarques au sujet de la lettre précédente.

—

On a vu dans le Bulletin de novembre 1842 que la seconde expédition égyptienne sur le Bahr-el-Abiad s'était arrêtée au 4ᵉ degré 42 minutes latitude nord, à peu près sous le méridien du Kaire, et qu'en ce point, la profondeur du fleuve étant trop petite, les barques avaient dû redescendre. La lettre de M. d'Arnaud, du 12 janvier, nous fait connaître en cet endroit l'existence de roches granitiques et d'un mont Bellenia ou Ballenia, et même elle ferait croire à de grandes *chaînes de montagnes* situées au même lieu, ce qui peut modifier l'opinion récemment conçue au sujet des Montagnes de la Lune ; celles-ci ne seraient peut-être que reculées dans le sud-est.

Je ferai remarquer un autre point important, c'est que 3o lieues plus loin, le principal bras paraît venir *de l'est à* 15 *journées au-delà.* Il s'ensuivrait que le Nil-Blanc prend sa source dans la même région que le Nil-Bleu, seulement plus au midi. A la vérité, cette opinion ne repose que sur le récit des indigènes, comme on le voit par la carte jointe à cette lettre ; l'on ne pourra donc se former une opinion décisive qu'après la troisième expédition.

Le Saubat, d'après M. d'Arnaud, fournit au fleuve Blanc près de la moitié de ses eaux ; si cette assertion est fondée, elle viendrait à l'appui de la direction supérieure du Bahr-el-Abiad ; il en est de même des autres affluents de la rive droite. Cependant d'autres rapports de voyageurs récents disent que la crue du Nil est alimentée par les eaux pluviales du

Darfour et du Waday, à ce point que dans l'année 1837, année où il avait plu très peu au Waday, le Nil resta très bas, et qu'il y eut disette.

On fera probablement des objections contre le chiffre attribué à la population des Schlouks (ci-dessus page 92); toutefois, je dois faire observer que, depuis le Sennâr, la population est excessivement dense; tous les voyageurs s'accordent à ce sujet; le fait n'est pas limité à cette partie de l'Afrique; on l'observe dans le Barnou, dans le Darfour, dans le Waday, etc., et aussi dans l'ouest, dans la Sénégambie, le long du Dhioliba; Mungo-Park et Caillié l'ont également observé. Le Darfour seul compte plusieurs millions d'individus. La taille colossale des Barry (les Behrs) sera jugée encore moins admissible; en tout cas, il est nécessaire d'attendre des éclaircissements, pour se former une idée juste de la réalité et de la *généralité* du fait.

Relativement à la carte ci-jointe, je n'ai pas besoin d'ajouter combien elle présente d'indications neuves et curieuses qui doivent faire désirer vivement la publication des cartes de détail annoncées par le voyageur.

JOMARD.

II. *Sur les sables aurifères de* MOHAMMED-ALI-POLIS.

(Extrait d'un rapport de feu M. Lefèvre, communiqué
par M. COCHELET.)

Un rapport avait été demandé par le vice-roi d'Égypte à la Commission spéciale assemblée à Fazangoro, sur les diverses méthodes d'exploitation applicables aux sables du torrent dit *Cor-el-Adi.* On avait cru reconnaître, en cette localité, le prolongement de la couche de Cascalho jusqu'à une demi-heure de chemin du Nil-Bleu, près du village de Keri. M. Lefèvre vérifia que cette opinion n'était pas fondée. Avec MM. Boréani et d'Arnaud, il établit un lieu d'expérience près de la nouvelle ville appelée *Mohammed-Ali-Polis*, du nom du vice-roi. Cette localité est pauvre en or; il y a un terrain récent contenant de l'or en poudre d'une finesse extrême, qui échappait aux laveurs; alors, on eut recours à l'amalgamation. M. Lefèvre a fait faire jusqu'à trente-trois lavages. Dans l'île, en face de Chambroux, et à une heure au S.-E. de Keri, les résultats ont été avantageux; il faut opérer sur les bords, là où la couche de Cascalho est apparente. Cette couche aurifère repose sur la diorite, roche constituante de la contrée; elle existe sur les deux rives depuis Fazoqlo jusqu'à deux heures et demie au-dessus de Keri, c'est-à-dire à 22,000 mètres; la puissance de cette couche varie de 3 à 7 mètres, elle est recouverte par le sol végétal de 1 à 3 mètres. Les sables sont adhérents aux galets à *Cor-el-Adi;* ailleurs ils ne le sont pas, il suffit d'un simple criblage sur les lieux.

La sébille circulaire faisant perdre de l'or, même celle du Mexique qui porte un petit cône renversé, on se sert de la *sébille allongée*, qui est préférable. Les indigènes font usage de cette dernière, ce qui est une preuve de leur tact. M. Lefèvre a supprimé l'épuration, et l'a remplacée par l'amalgamation dans des tonneaux contenant du mercure, comme à Freyberg, et mus par l'eau (qui aura servi aux bolinites). On verse sur un crible métallique, placé au-dessous d'un réservoir d'eau.

Noms de plusieurs lieux situés près de Mohammed-Ali-Polis, où se trouvent des sables aurifères plus ou moins riches.

Keri, village ; Cor-el-Adi, torrent, à son embouchure (la tente de Mohammed-Ali a été dressée en face de Cor-el-Adi, à l'époque de son voyage en 1838); Chambroux, île en face ; les Bolinites ; île près des Bolinites ; cataracte en face d'Abrouda ; torrent sur la rive orientale ; montagne de Fadoca, 1er torrent et 2e torrent. Trente-trois points sont signalés par M. Lefèvre.

Course *de* M. Lefèvre *aux monts Akaro et Fadoca.*

On visite la montagne de Cassan, le torrent El-Cantochi, le cheikh Aboutzarol (Tomoul); les montagnes *Ragruques* (*sic*), et autres encore plus hautes, paraissent être le lieu primitif du départ des pépites d'or ; celles-ci sont presque anéanties dans leur trajet au milieu des cailloux charriés par les eaux. Là, ces pépites sont beaucoup plus fortes qu'au lieu de l'exploitation, d'autant plus grosses et moins usées qu'elles viennent de plus haut ; cela est même sensible à la montagne Akaro et à la montagne Fadoca.

Parmi les habitants des deux chaînes principales des montagnes séparées par le Toumat, ceux de la rive orientale ont peu d'or et beaucoup de fer ; ceux de la chaîne occidentale n'ont que de l'or et en abondance ; ils ont de l'aisance.

Le Toumat, au-dessus de Cassan, a de l'eau toute l'année ; les bords sont peu élevés (1^m environ); ils sont d'une belle végétation et cultivables. M. Lefèvre proposait le plan de recherches qui suit : 1° Se porter sur le Toumat vers Cassan, le remonter, explorer la rive occidentale, le torrent El-Cantochi, les montagnes Bénichangoul et Doul (on dit que là réside le *Dieu de l'or*) ; aller à Fadassy, qu'on dit être le grand bazar de l'Afrique centrale (très bon fer en cet endroit ; les habitants y apportent leur poudre d'or, la font fondre, et la transforment en anneaux pour le commerce ; on y fabrique des lances et autres armes des noirs).

Enfin, revenir en étudiant le versant occidental de la chaîne du Bertha (Bertât?).

N. B. On sait que l'auteur du rapport que nous venons d'analyser, M. Lefèvre, a succombé aux fatigues de la mission qu'il remplissait dans le Fazoqlo. Ce jeune géologue avait fait précédemment un voyage minéralogique très intéressant dans l'Égypte supérieure sur les bords de la mer Rouge et au mont Sinaï. La collection dont il a enrichi le Muséum d'histoire naturelle est une des plus belles qu'on ait rapportées : son second voyage aurait procuré de plus importantes découvertes. Instruit, laborieux, infatigable, plein de sentiments nobles et élevés, il avait mérité la confiance et l'estime générales. Sa mort précoce a excité de vifs regrets. Le souvenir de ce voyageur distingué méritait d'être rappelé à cette occasion dans notre Recueil périodique.

J—D.

III. Observations *météorologiques faites au Kaire* par M. Destouches.

(Article communiqué par M. Jomard.)

Les tables ci-après, soigneusement dressées par M. Destouches, démontrent que le climat de l'Égypte

n'a point sensiblement changé depuis quarante ans.
Elles confirment de plus le fait annoncé par les voyageurs de l'expédition française en Égypte, qu'il pleut
au Kaire environ 13 jours par année, moyennement.
En effet, la moyenne des 6 années 1835 à 1840 a été
de 13 jours de pluie, et la moyenne des 7 années
1835 à 1841 a encore été de 13 jours (1).

La température n'a pas varié davantage; la moyenne
des 6 années et la moyenne des 7 années a été également de $23°3'$; la pression atmosphérique moyenne a
été de 760 millim. pendant les 6 années et pendant les
7 années, et pendant l'année 1840, elle a été aussi
de 760; elle n'a été de 759 que deux années sur sept.

J—D.

(1) Voyez le Bulletin, numéros 69 et 70, page 192, où l'opinion
contraire du maréchal Marmont a été combattue.

Observations météorologiques faites au Kaire pendant l'année 1840, et Récapitulation générale des années 1835, 36, 37, 38, 39 et 40; par P.-R. Destouches, membre du Conseil général de santé d'Égypte.

MOIS.	BAROMÈTRE.	THERMOMÈTRE.	HYGROMÈTRE.	VENTS.									PLUIE.
				NORD.	EST.	OUEST.	SUD.	NORD-EST.	NORD-OUEST.	SUD-EST.	SUD-OUEST.	KAMSIN.	
Janvier......	763	13,4	71	7	5	29	4	19	10	3	16	»	0,0020
Février	760	15,2	62	»	8	34	2	6	18	8	10	»	0,0079
Mars..........	701	18,1	53	11	5	28	6	7	23	»	13	2	0,0075
Avril.........	759	19,8	59	19	1	23	1	2	34	7	3	1	0,0018
Mai..........	760	26,6	55	24	20	6	»	38	5	»	»	»	»
Juin..........	758	26,7	50	49	3	5	»	20	13	»	»	»	»
Juillet........	757	30,8	49	59	2	2	»	25	6	»	1	»	»
Août..........	757	29	54	67	5	1	»	16	4	»	»	»	»
Septembre..	759	26,5	61	67	»	»	»	18	5	»	»	»	»
Octobre......	760	24,2	62	32	7	3	2	31	5	2	11	»	»
Novembre ..	761	20	67	36	2	18	1	16	8	»	9	»	»
Décembre...	763	14,8	60	16	9	14	5	17	13	1	18	»	0,0094
Moyennes et totaux.....	760	22,1	59	387	67	163	21	215	144	16	87	3	0,0286

MOIS.	ÉTAT DU CIEL.							TREMBLEMENT DE TERRE.
	ORAGE.	GRÊLE.	PLUIE.	BROUILLARD.	COUVERT.	NUAGES.	CLAIR.	
Janvier......	»	»	3	6	15	30	39	»
Février	1	»	3	6	6	31	41	»
Mars..........	»	1	5	»	14	23	51	»
Avril.........	»	»	3	»	21	27	39	»
Mai..........	»	»	»	»	7	17	69	»
Juin..........	»	»	»	»	6	20	64	»
Juillet........	»	»	»	»	»	35	58	»
Août..........	»	»	»	»	2	28	63	»
Septembre..	»	»	»	»	1	24	65	»
Octobre......	»	»	»	2	8	18	70	»
Novembre ..	»	»	»	4	9	18	59	»
Décembre...	»	»	3	12	7	36	35	»
Moyennes et totaux.....	1	1	17	30	96	802	653	»

Récapitulation générale des six années.

ANNÉES.	BAROMÈTRE.	THERMOMÈTRE.	HYGROMÈTRE.	VENTS.									PLUIE.	ÉTAT DU CIEL.							TREMBLEMENT DE TERRE.
				NORD.	EST.	OUEST.	SUD.	NORD-EST.	NORD-OUEST.	SUD-EST.	SUD-OUEST.	KAMSIN.		ORAGE.	GRÊLE.	PLUIE.	BROUILLARD.	COUVERT.	NUAGES.	CLAIR.	
1835	759	22,4	57	446	55	116	58	181	124	14	101	5	0,0599	5	1	16	16	118	185	752	»
1836	760	22	58	501	27	131	76	125	161	2	75	18	0,0251	4	»	5	31	119	227	716	»
1837	760	23	52	535	27	167	23	156	140	1	66	13	0,0501	1	»	19	39	79	277	680	2
1838	760	22,4	56	545	34	150	17	147	141	1	71	15	0,0271	2	»	11	25	66	276	731	»
1839	760	22,1	56	560	22	144	51	95	155	10	58	7	0,0079	2	»	8	15	93	259	720	»
1840	760	22,1	59	387	67	163	21	215	144	16	87	3	0,0286	1	1	17	30	96	302	653	»
Moyenne des 6 années...	760	22,3	56	496	39	141	41	153	141	7	70	10	0,0391	2,5	1/3	13	26	95	254	709	1/3

Observations météorologiques faites au Caire pendant l'année 1841, et Résumé général des années 1835, 36, 37, 38, 39, 40 et 41.

MOIS.	BAROMÈTRE.	THERMOMÈTRE.	HYGROMÈTRE.	VENTS.									PLUIE.	ÉTAT DU CIEL.							TREMBLEMENT DE TERRE.
				NORD.	EST.	OUEST.	SUD.	NORD-EST.	NORD-OUEST.	SUD-EST.	SUD-OUEST.	KAMSIN.		ORAGE.	GRÊLE.	PLUIE.	BROUILLARD.	COUVERT.	NUAGES.	CLAIR.	
Janvier	762	13	68	7	15	13	4	20	20	1	13	»	»	»	»	»	14	6	30	43	»
Février	759	15,8	57	6	9	11	5	24	9	1	19	»	0,0010	»	»	1	4	2	27	50	»
Mars..........	759	16,3	57	3	7	22	8	16	10	2	25	2	0,0044	»	»	4	1	12	27	49	»
Avril	755	22	51	4	13	22	5	19	14	1	12	5	0,0005	1	»	2	»	22	25	41	»
Mai	758	24,9	52	24	14	13	»	14	21	»	7	»	»	1	»	»	»	8	35	50	»
Juin	758	29,7	49	36	1	5	5	25	10	2	6	»	»	»	»	»	»	4	24	62	»
Juillet.......	758	30	53	59	2	1	»	24	5	2	»	»	»	»	»	»	»	6	30	57	»
Août..........	758	29,7	53	75	3	»	»	12	3	»	»	»	»	»	»	»	»	4	34	55	»
Septembre..	760	27	58	70	»	2	»	18	»	»	»	»	»	»	»	»	»	6	28	61	»
Octobre......	760	26	67	11	20	22	»	32	2	3	3	»	0,0023	2	»	2	»	8	31	52	»
Novembre ..	762	19,9	65	11	2	40	4	14	7	»	12	»	0,0003	2	»	1	3	2	37	47	»
Décembre...	760	14,7	70	23	2	12	8	13	7	1	27	»	0,0009	»	»	2	5	12	29	46	»
Moyennes et totaux.....	759	22,4	58	329	88	163	39	231	108	13	124	7	0,0094	6	»	12	27	92	352	613	»

Résumé des sept années.

ANNÉES.	BAROMÈTRE.	THERMOMÈTRE.	HYGROMÈTRE.	VENTS.									PLUIE.	ÉTAT DU CIEL.							TREMBLEMENT DE TERRE.
				NORD.	EST.	OUEST.	SUD.	NORD-EST.	NORD-OUEST.	SUD-EST.	SUD-OUEST.	KHAMSIN.		ORAGE.	GRÊLE.	PLUIE.	BROUILLARD.	COUVERT.	NUAGES.	CLAIR.	
1835	759	22,4	57	446	55	116	58	181	124	14	101	5	0,0599	5	1	16	16	118	185	752	»
1836	760	22	58	501	27	131	76	125	161	2	75	18	0,0251	4	»	5	31	119	227	716	»
1837	760	23	52	535	27	147	23	156	140	1	66	13	0,0501	1	»	19	39	79	277	680	2
1838	760	22,4	56	545	34	150	17	147	141	1	71	15	0,0270	2	»	11	35	66	276	731	»
1839	760	22,1	56	560	22	144	51	95	155	10	58	7	0,0079	2	»	8	15	93	259	720	»
1840	760	22,1	59	387	67	163	21	215	144	16	87	3	0,0286	1	1	17	30	96	302	653	»
1841	759	22,4	58	329	88	163	39	231	108	13	124	7	0,0094	6	»	12	27	92	352	613	»
Moyennes des années....	760	22,3	57	472	46	145	41	164	139	8	83	10	0,0297	3	2/7	13	27	95	268	695	9/7

(17)

IV. GÉOGRAPHIE DE L'ARABIE.

NOTICE RÉDIGÉE D'APRÈS M. CHÉDUFAU, PAR MM. GALINIER
ET FERRET.

Observation préliminaire.

On doit à M. Chédufau, médecin en chef de l'armée
égyptienne en Arabie, et à M. le lieutenant-colonel
Mary, premier instructeur de l'armée, aide-de-camp
du généralissime Ahmed-Pacha, une suite d'observations et de reconnaissances précieuses qui ont servi à
fixer assez exactement la position des lieux d'une partie
de l'Hedjâz et de l'Acyr. Pendant plus de huit ans, ils
ont recueilli des observations suivies, au milieu d'une
guerre acharnée et de grandes fatigues. Aujourd'hui que
les événements ont fait rentrer sur les bords du Nil
les troupes égyptiennes qui occupaient l'Arabie depuis
une trentaine d'années, il est permis de craindre que
les portes de cette vaste péninsule soient fermées
pour longtemps aux investigations de l'Europe sa-
vante. L'empire Ottoman n'y exerce et n'y exer-
cera toujours qu'une puissance nominale : comment
protégerait-il les excursions des voyageurs ? Le fana-
tisme des Wahabis, le caractère intraitable des habitants du Nedjd, de l'Acyr et même de l'Hedjâz sont
des obstacles tels qu'il est impossible de prévoir quand
il se présentera des circonstances favorables pour les
découvertes. Aussi doit-on une grande reconnaissance
à M. Chédufau pour les notions précises qu'il a rapportées du pays, et qu'il a libéralement communiquées (1). Outre les lieux déterminés par des re-
lèvés à la boussole, et les distances par heures de mar-

(1) C'est par M. Fresnel que j'ai reçu en 1835 une esquisse de
carte de l'Acyr, sans qu'il m'ait dit de qui il la tenait. Je conjecture
aujourd'hui qu'elle était la copie d'un tracé dû à MM. Chédufau et

che, MM. Chédufau et Mary ont recueilli beaucoup d'itinéraires qui ont permis de placer sur les cartes un grand nombre de positions ignorées. On sait qu'il y a peu d'années encore, le nom même de la province était inconnu : Burckhardt avait seulement cité une tribu d'Acyr ainsi nommée.

En admettant que d'ici à longtemps il ne sera pas possible eux Européens de faire en Arabie des opérations topographiques, il importe de recueillir, rédiger et publier toutes les observations fruit du séjour des Égyptiens dans la péninsule. C'est à ce titre que les notes que j'ai reçues de M. Chédufau, et qu'il a communiquées à MM. Galinier et Ferret, capitaines d'état-major, me paraissent dignes d'être reproduites. Elles leur ont servi à composer une nouvelle carte de l'Acyr et de partie de l'Hedjâz, plus riche de positions que celles qui avaient paru, et dont je donnerai un aperçu d'après les notes que M. Chédufau m'a transmises. Cet aperçu comprend d'ailleurs des renseignements intéressants sur la topographie du pays et sa géographie physique (1). Le cours des eaux a fait l'objet particulier des études de M. Chédufau, qui a noté tous les lieux par où passent les torrents, et quant à la configuration du sol, il a pu, à l'aide de ses notes et de ses souvenirs, en construire au Kaire une sorte de relief, qui a été vue par plusieurs indigènes en état d'en apprécier l'exactitude, et qui a subi l'épreuve de leur examen.   JOMARD.

Mary; elle a été la principale base de la carte que j'ai publiée en 1839 : Voy. *Études géographiques et historiques sur l'Arabie*, accompagnées d'une carte de l'Acyr et d'une carte générale de l'Arabie. Paris, F. Didot, 1839.

(1) Nos remarques sur la géographie du S.-O. de l'Arabie se trouvent confirmées par les observations de M. Chédufau, ainsi que par le travail de MM. Galinier et Ferret.

Montagnes.

La direction générale de la portion de la chaîne arabique comprise dans la carte est du N.-O. au S.-E. Elle divise l'Arabie en deux versants : le versant occidental, dont les eaux se perdent généralement dans les sables en se dirigeant vers le N.-E. La direction de ce dernier versant rend impossible, comme l'a bien fait observer M. Jomard, une deuxième chaîne parallèle à la première, et située à 2 degrés plus loin vers l'E. (1)

Les flancs de la chaîne arabique, très abruptes du côté de la mer, sont très peu inclinés vers le Nedjd. De ces montagnes se détachent dans le Tehamah, et dans le désert qui s'étend vers l'orient, des rameaux qui forment des vallées où coulent des sayls, se perdant la plupart dans les sables.

Du côté de la mer Rouge, il est très difficile de franchir les montagnes de la chaîne arabique ; cependant, à l'endroit où le sayl qui passe à Zemah prend sa source, la chaîne qui s'abaisse brusquement forme un passage praticable aux troupes et aux voitures de l'artillerie de campagne; ce passage de Gebel-Kara (ou Qora), d'un accès plus difficile, n'est accessible qu'aux hommes et aux bêtes de somme. Dans tous les autres endroits les Cabyles ne communiquent avec les Tehamah que par des sentiers très roides, ou même des escaliers taillés dans le flanc de la montagne.

On n'a jamais fait des observations pour déterminer la hauteur de la chaîne arabique ; cependant on peut croire que son élévation doit être considérable, puis-

(1) Voy. Études géographiques et historiques sur l'Arabie.

que nous avons connu des personnes qui y ont vu de la glace au mois d'avril ; elles y ont souffert un froid excessif. M. Chédufau et M. Mary, qui sont restés huit ans dans ces montagnes, n'y ont jamais vu de la neige dans aucune saison ni de la glace en été.

Sayls ou Seyls.

Tous les sayls de Tehamah prennent leurs sources dans la chaîne arabique, se dirigent presque tous du N.-E. au S.-O., et se perdent dans les sables quelques lieues avant d'arriver à la mer.

Le sayl de Haly descend des montagnes de l'Acyr, reçoit par sa rive droite quatre petits affluents qui coulent dans les montagnes de Redjal-elma, et se dirige du S.-E. au N.-O. jusqu'à Haly ; il disparaît à cinq ou six lieues de ce village : c'est le seul où l'on trouve de l'eau en été ; grossis par la pluie de l'hiver, tous ces sayls débordent quelquefois, forment de grands lacs, coupent les communications des caravanes, emportent les cabanes des Bédouins, et les forcent à chercher un refuge dans les montagnes.

Sur le versant oriental, nous voyons le sayl de Tarabah qui se sépare au-dessous de Kourmah(1); le sayl de Therad qui se jette dans le lac de Warada; le sayl Raniyah(2), qui disparaît dans la plaine de Mires(3); et enfin le sayl Bischeh, qui descend des montagnes de l'Acyr, et se dirige vers l'entrée de la vallée de Dawaçir; quoique grossi par des grands affluents, le colonel Mary prétend qu'il n'a jamais vu beaucoup d'eau dans son lit: c'est parce que ses eaux s'infiltrent à travers les sables, rencontrent une couche perméable, et prennent sans doute un cours souterrain. Aussi rencontre-t-on dans les en-

(1) Ou Kharma.　　　　　(3) Miver.
(2) Ou Ranyah.

virons une foule de puits, où les Bédouins trouvent de l'eau dans toutes les saisons. Des Arabes ont assuré à M. Chédufau que ce sayl reparaît plus loin à la surface pour se jeter dans un lac appelé Salomé ; il en sort, disent-ils , pour se rendre dans le golfe Persique, en disparaissant et reparaissant plusieurs fois. Ce récit semble confirmer les conjectures de M. Jomard , qui a fait remarquer l'importance du courant de Bicheh , celle de ses trois affluents, sa direction conforme à celle de l'Aftan , et l'absence d'obstacles connus entre les montagnes de l'Acyr et le golfe Persique.

Lieux principaux du Tehamah.

La ville la plus importante de Tehamah-el-Cham est Djedda ; placée à dix-huit lieues de la Mecque, et à l'entrée du territoire sacré, elle fait un commerce considérable avec l'Égypte, Moka, les Indes, l'intérieur de l'Arabie et la côte orientale de l'Afrique. Cette ville est bien bâtie; mais les grandes chaleurs, que ne tempèrent jamais les pluies des tropiques , en rendent aux Européens le séjour presque insupportable en été. Son port est assez sûr, mais il est entouré de bancs de coraux qui en rendent l'entrée difficile et dangereuse.

Le mur qui entoure Djedda est flanqué de tours ; le canon le détruirait facilement, mais il suffit pour mettre cette ville à l'abri des invasions des Bédouins ; il est divisé en parties inégales par des pierres en saillies, qui indiquent l'espace que chaque famille doit défendre en cas d'attaque. Cette mesure, qui dans les moments critiques oblige tous les habitants à prendre les armes, a suffi à repousser les attaques de *Ebn-So'oud*, qui vint en 1817 l'assiéger à la tête de 60,000 hommes.

Le port de Gonfoudah a peu d'importance, et ne peut recevoir que les petites barques; il ne commerce qu'avec Djedda, Moka et les Cabyles de l'intérieur; son commerce consiste principalement en grains, raisins, sels, beurre, dattes, toiles, etc. Les marchandises de l'Yémen et de l'Inde n'y arrivent jamais directement, et les denrées qui viennent de ces contrées y sont beaucoup plus chères qu'à Djedda.

Saadia, situé sur le sayl de ce nom, est remarquable, parce que c'est le rendez-vous de tous les pèlerins persans qui sont tenus de se purifier avant d'entrer dans la Mecque. On y remarque un grand puits construit par de riches personnages persans, et où l'on trouve de l'eau en toute saison.

A six heures de Lith, à Safra, dans la direction du sayl Salem, se trouve, au milieu d'un petit bois, une source bouillante d'eau minérale à laquelle de temps immémorial les Arabes attribuent des propriétés bienfaisantes. Elle guérit, dit-on, les maladies chroniques des viscères du bas-ventre, et celles de la peau; cette source, qui, d'après les renseignements qui nous ont été fournis, semble emprunter sa haute température à des couches très profondes de la terre, mérite de fixer l'attention du géographe et des physiciens; elle servirait peut-être à résoudre un problème de climatologie important, en nous éclairant sur l'ancien état thermométrique du Globe.

Lieux principaux du versant oriental.

Dans les environs de Kalakh, Beyda et Kamra, les Bédouins trouvent pendant l'hiver de l'eau et des pâturages abondants. Dans ceux de Tarabah et de Kourmah, on rencontre plusieurs villages bâtis en pierre, des champs où l'on cultive le blé et l'orge, des bois de dattiers, et un grand nombre de puits où les Arabes trouvent, tant en été qu'en hiver, de l'eau en assez grande abondance. Ces points importants sont gardés par des forteresses carrées, qui renferment des garnisons pour s'opposer au pillage des Bédouins, et assurer de ce côté le commerce du Nedjd dans l'Hedjâz et l'Yémen.

La forteresse de Tarabah, qui a la forme d'un carré de 220 pieds de chaque côté, est défendue seulement par 50 hommes de cavalerie mograbine; c'est là que sont déposés les ôtages que les Turcs prennent quelquefois parmi les Bédouins, pour s'assurer de leur fidélité.

Le point d'El-Boukay tire son importance d'un vaste puits qui a 220 pieds de circonférence, et plus de 40 de profondeur. Été comme hiver, il contient une quantité d'eau assez considérable pour en fournir à une nombreuse caravane. Situé au pied d'un monticule, dans une vaste plaine aride, c'est le seul endroit où le voyageur puisse se désaltérer en allant de Kourma à Ranyah, pendant un espace de plus de trente lieues. Les environs de Warada, où se perd le sayl de Ranyah, ne présentent aucune trace de culture; cependant les pluies d'hiver y font germer les graines des plantes sauvages, raniment les buissons, et forment dans les bas-fonds des tapis de verdure qui réjouissent la vue. Les Bédouins trouvent à Kourma de l'eau en toute saison : elle est conservée, soit dans le lit du torrent, soit dans les puits qu'on trouve en assez grand nombre, soit enfin dans un canal latéral d'environ 175 pieds de long, 15 de large et 20 de profondeur. On remarque dans cet endroit une grotte taillée dans le roc; elle offre l'aspect d'un vaste salon ouvert au nord, au sud et à l'ouest, avec des chambres sur les côtsé. Une caravane nombreuse peut y trouver un abri contré les rayons du soleil. Au nord du lac Warada se trouvent trois montagnes coniques que les soldats de l'armée de Mohammed-Ali ont comparées aux pyramides d'Égypte, lorsqu'ils ont passé par ce désert pour réprimer les Bédouins : on les nomme *Djebel Consolyé*.

Au midi de Ranyah, et dans la vallée du sayl de ce nom, se trouve une forêt de 16,000 dattiers, dont l'intérieur est cultivé, et produit de l'orge et du blé. Elle est entourée de douze villages fortifiés, destinés à la préserver du pillage. En dehors encore, et du côté de l'est et sur une petite éminence, on voit une forteresse carrée qui sert à repousser les Bédouins, et à couvrir les communications du Nedjd à l'Hedjâz, et à l'Yémen.

Comme on le voit, ce vaste désert n'est pas tout-à-fait aride et inculte; dans plusieurs endroits on y trouve de l'eau en toute saison; aussi est-il fréquenté par un grand nombre de tribus. Les principales sont : 1° la tribu des Gahtân, qui s'étend dans la partie du désert comprise entre les montagnes Consolyé, Warada et Raghwa; quelquefois ces Bédouins vont chercher du pâturage jusque dans le Nedjd et la vallée de Dawacir : cette tribu, l'une des plus riches et des plus puissantes du désert, possédait autrefois jusqu'à 80,000 chevaux; 2° la tribu de Muster, s'étendant entre Tarabah, Ranyah et le Nedjd. On la rencontre aussi quelquefois dans les environs de Medina; 3° les tribus de Roska et Oulegel sont ordinairement alliées, et se trouvent au nord de Husseira et Manscheria.

Les tribus de El-Begoum, de Ebn-el-Harret (1) et Esben sont ennemies des précédentes, et occupent l'espace compris entre les montagnes de l'Hedjâz et une ligne qui irait de Ranyah à Tarabah.

(1) Où Hareth.

Tous ces Bédouins sont d'une sobriété extrême ; quelques dattes trempées dans le beurre fondu suffiraient à la nourriture d'un homme. Nous en avons connu qui ont vécu pendant six mois avec le lait d'une chamelle. Généralement, la somme de leurs aliments ne dépasse pas par jour 7 à 8 onces. Leurs domaines consistent dans un terrain assez vaste pour suffire à la nourriture de leurs troupeaux. L'espace entier étant nécessaire pour leur subsistance annuelle, quiconque y empiète est censé violer la propriété, et il y a guerre. Dans ce cas, les tribus ennemies se cherchent, s'abordent et s'attaquent. Le premier choc donne ordinairement la victoire, et les vaincus fuient à pas précipités jusqu'à ce que la nuit les dérobe à la poursuite des vainqueurs. Lorsqu'elles veulent faire la paix, on compte les morts de part et d'autre, et celle qui a le plus souffert exige le rachat du sang pour la différence dans le nombre des morts. Ces guerres par elles-mêmes ne donnent pas lieu à une grande effusion de sang ; mais les conséquences en sont terribles, parce qu'il en reste toujours des motifs de haine qui perpétuent les dissensions. Toutes ces tribus vivent sous la tente, et sont en apparence soumises à Mohammed-Ali, qui leur impose un tribut considérable ; lorsqu'elles refusent à payer, elles sont réputées rebelles, traitées comme des ennemis dangereux, et l'on dirige contre elles une colonne expéditionnaire avec ordre de les poursuivre et de les piller ; c'est ce que l'on appelle faire un *garouak*.

Districts de la chaîne arabique.

Les districts de Taschef (1), Béni-Soufia (2), Béni-Tham (3), Béni-Saad et Nascera s'étendent sur le

(1) Ou Thachif. (2) Ou Soufyân. (3) Ou Fahm.

plateau de la chaîne arabique; ils sont assez bien cultivés, et produisent de l'orge, du blé, du raisin, des pêches, des mûriers et des grenadiers. Ils ne font aucun commerce avec la côte ni avec les Cabyles environnants; les produits suffisent à leur subsistance; ils paient un tribut à Mohammed-Ali, et sont sous la dépendance du grand chérif de la Mecque depuis que les troupes égyptiennes ont abandonné le Hedjâz.

Les districts de Béni-Malek, de Zahran et de Raghdan sont aussi fertiles et bien cultivés; on y trouve une quantité de raisins secs, de l'orge, et d'excellentes amandes. Béni-Malek produit un blé d'une qualité supérieure; son grain plus long, et d'une couleur plus foncée que celui d'Europe, donne une farine agréable au goût et à l'odorat. On peut en faire des pâtes meilleures que celles de Naples. Le vice-roi d'Égypte, en ayant reconnu la supériorité, en fait acheter annuelle-5o ardebs pour sa consommation particulière.

Le district de Ghamid, un des plus fertiles de l'Hedjâz, produit comme tous les autres de l'orge, du blé, des fruits excellents. On trouve encore dans les montagnes de Ghamid un café d'une qualité supérieure, que tous les Arabes estiment beaucoup plus que celui de Moka, qui est si renommé en Europe; son grain plus rond, et d'une couleur verte plus foncée que celui de Moka, donne par la pression une substance huileuse d'un goût et d'une odeur agréable. Le montagnes de Ghamid n'en produisent par an que de 1oo à 15o quintaux; les habitants de Ghamid le gardent pour eux, et le paient trois fois plus cher que le café ordinaire. On ne le trouve jamais dans le commerce ; mais le colonel Mary, quoique loin de la France, toujours plein de zèle quand il s'agit des intérêts de sa patrie, a fait cadeau à nos colonies de ce café délicieux. On l'y cultive maintenant avec un soin extrême, et nous espérons que dans quelque temps on en apportera en France, où on pourra l'apprécier et en jouir.

Les districts de Schoumran, Belgarn et Béni-Amr sont mal cultivés. La population peu nombreuse y est pauvre et misérable. Ce sol, d'une nature sablonneuse, est peu fertile, et les habitants sont obligés d'aller chercher souvent dans les provinces voisines les produits nécessaires à leur existence.

Les autres districts jusqu'à l'Acyr, Benischer, Belasmar (1) sont assez fertiles. Celui de Benischer est un des plus considérables; il produit beaucoup de grains et de fruits; les habitants de ce district s'adonnent généralement à la bestialité.

Province d'Acyr.

L'Acyr se compose de plusieurs districts, dont quatre sont situés sur le plateau de la chaîne arabique, savoir : *Roufeyda*, *Rabiah*, *Alckam* et *Béni Moughayd*. A l'est se trouve la grande division de Béni-Malek, et à l'ouest, au pied de la chaîne, se trouve celle de Redjal - elma. Toutes ces provinces, désolées par la guerre depuis 1834, sont peu fertiles et mal cultivées; les habitants en sont braves et intrépides dans les combats. Armés seulement de la *simbre*, de la lance et du fusil à mèche, ils ont résisté opiniâtrément jusqu'à présent aux armées de Mohammed-Aly; n'ayant aucune connaissance des principes de l'art militaire, et propres seulement à une guerre de partisans, ils sont toujours sûrs d'être battus s'ils attaquent des troupes disciplinées en position.

(1) Ou Bell-Akmar,

Mohammed-Aly a dirigé contre eux onze expéditions,
et a toujours été victorieux ; mais il n'a pu profiter de
ses victoires , parce que son armée a toujours agi sans
plan de campagne bien arrêté , et sans avoir ses communications assurées sur les derrières; les difficultés
de se procurer les vivres nécessaires dans le pays,
l'impossibilité de se recruter , et la crainte d'avoir la
retraite coupée , ont forcé toujours les troupes égyptiennes à se retirer , afin d'éviter par là une déroute
complète.

C'est dans la province de Redjal-elma que se trouve
la citadelle de Reda (1), qui a la forme d'un grand rec-
tangle ayant 100 pieds de long sur 46 de large. La
hauteur des murs est de 46 pieds ; en avant se trouvent , du côté de la mer, cinq tours crénelées d'environ 38 pieds de hauteur qui en défendent l'approche.
Placée dans une gorge étroite au pied des montagnes,
cette forteresse ne protège aucune communication ,
ne garde aucun passage, et ne domine aucune position importante ; elle sert seulement à cacher les
trésors et les esclaves du chef de l'Acyr, et à ajouter
à la force morale de ses soldats , qui la considèrent, en
cas de défaite , comme une retraite assurée contre les
troupes de Mohammed-Aly.

Il est certain que les habitants de l'Acyr auraient
été obligés de céder enfin aux armes de Mohammed-
Aly ; mais les circonstances critiques où se trouvait ce
prince l'ayant obligé de concentrer ses forces pour
défendre ses propres États, il leur a accordé une
paix honorable, par laquelle le petit royaume d'Acyr
se trouve augmenté des provinces de Belasmar, de
Belahmar et de Khamys-Michet.

(1) Ou Ghadda.

V. Extrait *d'une lettre de* M. P. Delaporte *à son père.*

(Communiqué par M. Jomard.)

—

Tunis, le 10 décembre 1842.

À propos d'antiquités, on vient de faire une découverte bien précieuse dans cette régence du côté de Naf, dans un lieu dit Mohammed-Bey, près de Magarao (1) et Moctar, à 2 journées 1/2 de Tunis.

Deux Allemands, MM. Honnegger et Motler, l'un architecte et l'autre négociant, partirent dernièrement ensemble pour ledit endroit, accompagnés de plus de vingt charrettes chargées de pioches, de piques, etc.

Arrivés sur les lieux, ils commencèrent leurs fouilles. Au premier coup de pioche, ils découvrirent une inscription punique d'une admirable conservation : c'était une pierre tumulaire. Ils continuèrent leurs fouilles, et en trouvèrent, à la file les unes des autres, quatre-vingts. Les 79e et 80e sont deux belles et grandes inscriptions; moitié en caractères *puniques* et moitié en *latin*. Ils découvrirent aussi quarante bas-reliefs très curieux, et quelques uns avec des inscriptions puniques au bas.

Vers le milieu de l'endroit où ils commencèrent à fouiller, ils rencontrèrent une voûte qu'ils percèrent. D'abord ils crurent que c'était une citerne ; mais leur étonnement fut grand, une fois descendus, de voir que c'était un tombeau. Voici les détails que l'on m'a donnés :

Le tombeau est carré; au milieu se fait remarquer

(1) Ou Maghraou.

un cercueil en plomb, placé par terre. Du côté de la tête une niche est ménagée dans le mur, et dans cette niche; on a trouvé un vase en *verre* couvert en plomb qui contenait des ossements. Des deux côtés du vase, il y avait des lampes sépulcrales; puis entre ces lampes étaient intercalés deux couteaux (dont les manches étaient pulvérisés). Du côté opposé à ce mur était une porte, et des deux autres côtés trois niches, dans chacune desquelles se trouvaient des lampes sépulcrales. Les exploitants ont transporté tous ces objets à Tunis; mais n'étant pas tombés d'accord lors du partage, le consul d'Angleterre, sous la protection duquel ils se trouvent, leur a remboursé 6,000 piastres de Tunis qu'ils avaient dépensées; il a obtenu le tout des parties en désaccord, et il va envoyer la collection à Londres.

VI. MONUMENT ÉLEVÉ A LA MÉMOIRE DE RENÉ CAILLIÉ A MAUZÉ, SA VILLE NATALE.

Une solennité imposante a eu lieu le 26 juin de l'année dernière dans la petite ville de Mauzé, ville natale de René Caillié. Cette cérémonie intéresse le progrès des découvertes, comme un puissant stimulant pour ceux qui voudraient marcher sur les traces du courageux explorateur de l'Afrique; à ce titre, le récit de cette fête commémorative a sa place marquée dans nos annales. Le retard que nous avons mis à la publier a son excuse dans l'abondance des matières et le progrès croissant des découvertes géographiques.

On a vu dans le Bulletin de juillet 1842 que le

monument de Pont-Labbé élevé en l'honneur de Caillié, et auquel a pris part la Société de géographie, a été inauguré le 7 novembre 1841. Dès ce temps, la Société de statistique des Deux-Sèvres avait pris l'initiative pour élever un buste en bronze à la mémoire du voyageur, dans la ville même de Mauzé, où il a pris naissance. En 1840, la ville de Niort vota une somme de 600 fr., indépendamment des souscriptions particulières, et le maire de Mauzé fit circuler dans la commune l'annonce de la souscription. Le conseil général des Deux-Sèvres et tout le département s'y associèrent. M. Suc, sculpteur de Nantes, fut chargé du modèle. Le ministre de l'intérieur accorda les marbres, celui de la guerre autorisa les officiers du génie à faire les travaux accessoires; enfin, M. de Saint-Georges, préfet du département, prit une part active à l'exécution du monument. Tous les préparatifs étant terminés, ce magistrat prit un arrêté au mois d'avril dernier pour l'inauguration solennelle, arrêté dont les considérants font ressortir l'utilité des hommages publics que l'on décerne aux hommes de dévouement et de courage, et qui règle toutes les parties de la cérémonie fixée au 26 juin suivant. L'espace ne permet pas d'insérer ici cette pièce, ni les relations qui ont paru dans les journaux du pays; toutefois, nous en extrairons les principaux détails (1).

Dès le matin du dimanche, une foule immense s'était rendue des villes, des bourgs et des villages voisins, attirée par une vive curiosité et par le désir de venir rendre hommage au célèbre voyageur qui a illustré sa

(1) Voyez *la Revue de l'Ouest*, 28 juin 1842; *le Mémorial de l'Ouest*, 30 juin, et 3 juillet; *le Rochefertin*, 7 juillet, etc.

ville natale. Deux jours avant, les routes de Niort, de la Rochelle, de Rochefort étaient couvertes de voitures, amenant à Mauzé, de dix lieues à la ronde, tous les habitants des environs. Chacun attendait avec impatience le jour de la solennité. On a vu que le gouvernement s'était associé avec empressement à cette œuvre de reconnaissance nationale ; le ministre de l'instruction publique, en élevant le taux de la pension de la veuve du voyageur à 1,500 francs, donna encore une bourse à son fils dans un collège royal. A midi, les principales autorités du département, le préfet, les autorités judiciaires, civiles et militaires, le général commandant la subdivision, les membres de la Société de statistique, les membres du conseil général et du conseil d'arrondissement de Niort, les maires et les conseillers municipaux du canton de Mauzé, revêtus de leurs insignes, un grand nombre de maires de la Charente-Inférieure et d'ecclésiastiques des environs, un nombreux état-major formé d'officiers de l'armée, de la marine royale et de la gendarmerie, les députations des gardes nationales du canton, les ingénieurs des ponts et chaussées et des eaux et forêts, etc., etc., se trouvaient réunis. Le cortége se mit en marche, escorté par des détachements de la garde nationale de Mauzé et du 2e régiment de dragons, précédés de la musique du régiment en garnison à Niort. Il se rendit sur le pont, emplacement du monument, après avoir parcouru une rue de près d'un quart de lieue, à travers les flots d'une foule de spectateurs. Toutes les fenêtres, les toits même étaient garnis de curieux. Des deux côtés du pont, sur les deux rives du Mignon, s'élevaient d'immenses gradins, pavoisés de drapeaux tricolores, de signaux de la marine et recouverts de

3

voiles de navire ; les estrades et les gradins avaient donné place à deux mille personnes ; une garde d'honneur entourait le monument, recouvert d'un voile, et orné des drapeaux du canton portant inscrits les noms des communes. Au centre du carré, formé par la garde nationale et la troupe de ligne, s'élevait un élégant pavillon, décoré aussi de drapeaux et d'étendards. C'est là que vinrent se placer les autorités.

M. le préfet s'avança en donnant la main à madame veuve Caillié, entourée de ses trois jeunes enfants, que conduisaient MM. Petiteau, maire de Mauzé, Rivière, membre du conseil général, et Savary, officier de la marine royale, le même qui, en 1816, montait la corvette *la Loire*, sur laquelle s'embarquait alors, à Rochefort, René Caillié encore enfant. Au signal donné le voile qui dérobait aux yeux les traits du voyageur tomba au son d'une musique délicieuse, au bruit des tambours et de la mousqueterie, au milieu de l'applaudissement général. Le monument découvrit alors aux regards un piédestal en marbre blanc, surmonté par le buste d'une ressemblance frappante. L'artiste a donné à la figure l'expression de la méditation ; il a peut-être fait allusion aux nouveaux projets conçus par l'intrépide voyageur peu avant sa fin précoce. Bientôt plusieurs discours furent prononcés, écoutés avec le plus vif intérêt, et au milieu de l'attendrissement général.

Je regrette de ne pouvoir insérer ici l'éloquent discours de M. de Saint-Georges, préfet des Deux-Sèvres ; celui de M. Aubin, président du tribunal de Bressuire et du conseil général ; celui de M. Ch. Arnaud, prononcé au nom de la Société de statistique des Deux-Sèvres, dont il est le secrétaire ; enfin, ceux de

M. Clémot, chirurgien en chef de la marine à Rochefort, et de M. Rivière, au nom des compatriotes du
voyageur. On trouvera les deux premiers dans le Mémorial de l'Ouest (1).

Aussitôt après, et le cortége s'étant retiré, un grand
nombre d'habitants de Mauzé et des environs sont ve-
nus se placer près du monument, et ont chanté un
hymne en l'honneur de René Caillié. A quatre heures,
un banquet de 550 couverts, préparé dans les magni-
fiques salles de M. Lescure, a été servi aux accents de
la musique. Plusieurs toasts ont été portés, et le maire
de Mauzé, conduisant madame Caillié et ses enfants, a
paru à la galerie circulaire. La présence de cette intéressante famille a excité un enthousiasme général et
une profonde émotion. La fête a été terminée par des
divertissements prolongés jusqu'au lendemain.

Je terminerai en citant une disposition prise le 23 juillet suivant par le préfet du département, M. de Saint-
Georges, et qui met le sceau à la cérémonie du
26 juin, en lui donnant un caractère de perpétuité.
Fonder, en effet, un anniversaire était le complément
de l'hommage rendu au voyageur par l'érection d'un
monument.

« Le préfet..... considérant que le 26 juin dernier,
»jour de l'inauguration du monument élevé à la mé-
»moire de l'intrépide voyageur Caillié, a été, pour la
»commune de Mauzé, une époque tout à la fois glo-
»rieuse et pleine de souvenirs, dont il importe de per-
»pétuer la mémoire »... a arrêté qu'une fête annuelle
aurait lieu le quatrième dimanche du mois de juin (2).

JOMARD.

(1) N° 53, du 3 juillet 1842.
(2) Nous donnerons plus tard un dessin du monument.

VII. NOTE

Sur la découverte *des îles Bonin* (Bonin-Sima) *en* 1639
(*d'après un opuscule de* M. Siebold).

—

On doit au célèbre voyageur M. de Siebold une découverte extrêmement intéressante faite dans les archives de l'ancienne Compagnie des Indes orientales. On connaît les voyages du grand navigateur Abel Jansen Tasman vers le Zuidland (la terre du Sud) en 1642. On sait que, parti de Batavia le 14 août, il découvrit la Terre de Diemen, la Nouvelle-Zélande, et revint à Batavia, le 15 juin 1643, par la Nouvelle-Irlande et la Nouvelle-Guinée; depuis, en 1644, il acheva la reconnaissance de la côte septentrionale de la Nouvelle-Hollande. Mais ce qu'on ignorait, c'est que, dès 1639, Tasman le premier avait exploré l'océan Pacifique dans l'hémisphère boréal et découvert les îles Bonin (Bonin sima). M. de Siebold avait déjà conjecturé, d'après une très ancienne carte marine, qu'au commencement du xviie siècle, les navigateurs hollandais avaient connaissance de ces îles. En effet, cette carte contient le groupe d'îles avec les noms de *Engel* et de *Gracht*, et elle porte les noms de Mathieu Quast et d'Abel Jansen Tasman; elle avait été communiquée par M. Jacob Swart, d'Amsterdam, auteur de l'ouvrage intitulé : *Verhandelingen en berigten betrekkelijk het zeewezen en de zeevaartkunde*, c'est-à-dire *Dissertations et Rapport sur la marine et la navigation*. Or, à la fin de l'année dernière, M. de Siebold, en explorant les anciennes écritures de la Compagnie, de concert avec M. P.-L. de Munnick,

conservateur des archives, trouva une lettre du 1er janvier 1640 , du gouverneur-général Anthonio Van Diemen , portant cette annotation : *Découverte à l'est du
Japon par deux flûtes*, et, en même temps, le *Journal ou Mémorial du commandeur Mathieu Quast, allant
par ordre de MM. le gouverneur général et les conseillers
des Indes, avec les flûtes* Engel *et* Gracht, *à la découverte
des îles d'or et d'argent situées à l'E., environ* 37 *degrés
1/2 latitude Nord* (40 pag. f°) , avec les dessins du pays
reconnu (1), les décisions du conseil de l'équipage (2),
et autres documents , tous signés par Mathieu Quast
et Abel Jansen Tasman. M. de Siebold remarqua la
conformité de ces reconnaissances avec celles de Tasman qu'a données Valentyn (3). Ensuite il vit dans un
recueil officiel de documents envoyés à Amsterdam, le
8 janvier 1640 , par le gouverneur général et le conseil des Indes aux administrateurs de la Compagnie ,
qu'il se trouvait, avec le journal de mer, la carte ori-
ginale des découvertes à l'E. du Japon.

Il ne pouvait plus rester, à la vue de ces pièces au-
thentiques , aucun doute sur la réalité des découvertes
dont il s'agit; il est donc établi maintenant que Mathieu Quast et Abel Jansen Tasman ont les premiers
découvert et décrit les îles *Bonin-Sima.*

Dans l'écrit substantiel que M. de Siebold a consa-

(1) Parmi les dessins se trouve la figure d'un poisson long de 5
pieds, large de 7.

(2) En voici le titre : *Copie des résolutions du commandeur Mathieu
Quast et du conseil des équipages Engel et Gracht,* pendant le voyage
en destination de Batavia à la découverte de quelques nouveaux pays
situés à l'est du Japon , commençant du 3 juin 1639 , jusqu'au 15
novembre suivant.

(3) Oud en Nieuw Oost-India , 4e vol. , 3e part. , 2e sect.

cré à l'historique de la découverte, on trouve l'extrait
des instructions données à Mathieu Quast par le célèbre gouverneur Anthonio Van Diemen, où l'on voit
que l'expédition devait chercher les îles d'or et d'argent à 400 milles E. du Japon par 37 degrés 1/2 latitude N., but principal de l'exploration, puis profiter
de la mousson S.-E. pour atteindre Formose et reconnaître les îles des Larrons. Ensuite vient le récit de la
navigation dont je vais présenter l'analyse.

Partis le 2 juin de Batavia, les bâtiments se trouvèrent le 22 à la hauteur des Philippines, explorèrent
Luçon à l'O. et au N.-O. ; les 9 et 10 juillet ils firent
de l'eau à la côte E. : ils étaient le 11 à 16° 45' lat.
N., à l'E. de Poulo-Timaon. Or, il existe une ancienne
carte de J. Van Keulen, avec une baie sous le nom de
Quast's Waterplaats, sur la côte orientale de Luçon
(l'aiguade de Quast) : elle s'appelle aujourd'hui baie de
Davilacan et gît par 16° 43' : ainsi le nom de Quast a
disparu dans les nouvelles cartes, mais les archives de
la Compagnie l'ont conservé. Le 17, ils trouvèrent des
récifs à 178 milles du cap Spiritu-Sancto, *l'écueil d'Engel:* ce sont ceux que Douglas reconnut en 1789 ; le 20,
ils virent l'île des Mouettes par 25° 3' (*latit. estimée*) :
c'est l'île Arzobispo des Espagnols ; probablement elle
tire son nom d'un rocher à pic de la forme d'une mître
d'évêque ; le 21, par 26° 38', ils virent un grand nombre d'îles et leur donnèrent le nom d'*Ille de l'Engel* et
d'*Ille du Gracht :* la première consiste dans le groupe
méridional de Bonin-Sima et celui de Baily, marqués
sur la carte de l'amiral Lutké par 25° 37' lat. N. ;
l'autre est la deuxième des îles Bonin, nommée par
Beechey, en 1827, *Peel Buckland* et *Stapleton ;* Lutké
place l'île centrale du groupe par 27° 5' lat. N ; or, les

navigateurs hollandais avaient trouvé l'île du Gracht
par 27° 4' lat. N. Les longitudes sont également d'une
grande exactitude : 142° 28' E. de Greenwich pour
142° 28' (Lutké), et 142° 20' pour 142° 24'. Ce n'est
pas tout : croyant à tort que le C. Beechey avait relevé
tous les îlots du groupe de Baily, l'amiral Lutké ne l'a
pas visité ; de manière que le journal de Quast et Tasman, après deux siècles, donne plus de détails que
les modernes relèvements. Au reste, les observations
des Japonais sont d'accord sur le grand nombre d'îlots
et de rochers de ce groupe. Nos navigateurs virent, le
22 juillet, d'autres groupes au N. 1/4 O. des îles Bonin, qui correspondent à l'îlot de Kater et au groupe
de Parry. Le 4 août, ils étaient à 200 milles à l'E. du
Japon; le 24, par 37° 30' lat. N., ils en reconnurent la
côte orientale, au pays de Moet, mais aussitôt ils mirent
encore une fois le cap à l'E. Voulant à toute force découvrir les îles d'or et d'argent, on mit en œuvre les
peines et les récompenses, et les mesures les plus
énergiques pour y parvenir. Il fut défendu sous peine
des garcettes de dormir pendant le quart, et même, plus
tard, sous peine de mort. Ils naviguèrent ainsi jusqu'au
24 septembre sans découvrir aucune terre, se trou-
vant alors par la latitude de 38° et en longitude jusqu'à
600 milles à l'E. du Japon ; alors on décida de courir
300 milles à l'O. sous le parallèle de 38° 40'. Le 15 octobre, après cette nouvelle course, le conseil résolut
de doubler le Japon au N. et d'atteindre la Corée ; mais
la saison était avancée, les bâtiments faisaient eau de
toutes parts, les manœuvres et les voiles étaient en
pièces, le scorbut ravageait les équipages, 38 hommes
étaient malades et 22 étaient déjà morts, tout le monde
était épuisé : alors on gouverna droit au S.-O. sur la

côte du Japon, et le 1er novembre on découvrit la terre, avec une grande baie et une haute montagne par 34° 54', position parfaitement exacte du cap *taku-tsuka-Jama*, d'après la nouvelle carte de M. de Siebold. La baie est celle d'*Iedo*, et la montagne qui la termine est le volcan *Foézie*, élevé de 3,793 aunes(1). Or on possède un journal des Néerlandais de Decima (Dezima) du 25 décembre 1639, portant que deux vaisseaux commandés par Mathieu Quast avaient été aperçus près de Iedo, envoyés de Batavia pour découvrir l'île d'or, *à quatre cents milles est du Japon*. Le 13, l'expédition reconnut l'île japonaise de *Kinsu*; on embouqua le détroit de *Van-Diemen*; on vit l'île de *Tanega-sima*, le volcan *Jakunosima*, la baie *Kagosima*, et au milieu le volcan *Mitake* (encore en éruption aujourd'hui), avec la capitale de *Satzuma*, les îles *Meatima*, le groupe le plus occidental des *Sept Sœurs*, et enfin on jeta l'ancre le 21 à Tayouwan (Formose).

Peu après, Mathieu Quast partit pour une autre expédition. En 1641, il commandait le blocus de Goa, et Tasman commandait la croisière devant *Cambodia* jusqu'en 1642. Tel est en abrégé le récit tiré du journal de l'expédition néerlandaise de 1639, voyage qui fait honneur au courage et à l'habileté de ces deux hommes de mer.

On sait que la recherche des îles *d'or et d'argent* a été entreprise plus d'une fois d'après les cartes espagnoles, où l'on trouve les *Rica-de-Plata*, *Rica-de-Oro*. Ce qui a lieu de surprendre, c'est que ces noms figurent encore dans des cartes anglaises récentes.

Quoi qu'il en soit, à défaut de ces îles introuvables, celles de l'*Engel* et du *Gracht* sont une importante dé-

(1) Environ 2160 mètres.

couverte , et peuvent devenir une véritable mine d'or pour le commerce comme un point de relâche pour les baleiniers. On doit donc un hommage éclatant de reconnaissance à Mathieu Quast et à Abel Jansen Tasman, ces grands navigateurs si longtemps méconnus, même de leurs compatriotes (1). Nous devons aussi féliciter ici M. de Siebold de nous avoir révélé l'histoire de leurs découvertes dans la partie nord du Grand-Océan.

JOMARD.

VIII. SUR LE TERRITOIRE D'EDD, LA BAIE D'HAYCOCK ET LA CÔTE VOISINE.

(Notes extraites du journal du capitaine BROQUANT.)

—

Nous nous dirigeâmes successivement sur Asabe, Beiloul, Rassafoulé,etc., pour entrer en relation avec les indigènes, et toujours nos communications furent infructueuses. Les habitants, disséminés sur la rive, fuyaient à notre approche, ou ne nous abordaient qu'avec la plus grande défiance et la plus grande crainte. Il n'en fut pas ainsi à Edd. Cette peuplade, plus civilisée, nous reçut très amicalement, et nous pûmes avec elle entamer quelques négociations. Toutefois rien ne fut conclu ; car, bien que ce territoire appartînt exclusivement au chef de la localité (c'était l'héritage de ses pères), il ne pouvait ou il ne vou-

(1) On a l'obligation au docte M. Eyriès d'avoir le premier exposé en France les titres de Tasman , comme grand homme de mer, et d'avoir proposé le nom de Tasmanie pour la terre de Diemen. On sait que l'amiral Krusenstern a surnommé Tasman le plus grand navigateur du xviie siècle.

lait cependant terminer avec nous aucun marché sans avoir préalablement consulté ses alliés, mesure qu'il nous disait être uniquement de pure forme, et pour ne pas rompre avec eux une vieille intimité à laquelle il croyait devoir cette condescendance. Le temps qu'il nous demandait n'aurait pas été un obstacle à la prolongation de notre séjour, si nous eussions été persuadés de la véracité de ce qu'on nous alléguait ; mais, ne pouvant accorder qu'une demi-confiance à des gens que nous connaissions si peu, nous lui promîmes de le visiter à peu près à l'époque qu'il nous avait déterminée, et nous fîmes voile pour Massawā.

Nous touchâmes encore à Amphila et sur les derrières d'Anesley, afin de nous y assurer au pouvoir de quels chefs étaient soumises les différentes populations, et jusqu'où chacun d'eux étendait ses droits de propriété. Enfin nous jetâmes l'ancre à Massawa.

Chef d'une grande partie de la côte, le naïb d'Arkecko pouvait nous être d'une grande utilité. Nous nous rendîmes chez lui, nous lui fîmes quelques ouvertures sur ce que nous avions entrepris à Edd, sans trop lui manifester le désir que nous aurions de posséder exclusivement ce point. Il fut décidé que son fils nous accompagnerait ; mais quelques particularités de la politique de son pays avec le gouvernement de Massawa firent que le gouverneur de cette dernière place ne voulut jamais permettre l'embarquement de ce chef sur un bateau arabe, pour nous accompagner dans une nouvelle exploration.

Le port d'Haycock, qui n'est éloigné de Edd que de cinq lieues (et que nous avons fait comprendre dans la cession), est un des plus beaux ports de la mer Rouge. Les voies de communication avec l'intérieur

sont de deux journées plus courtes que les moins longues qui s'effectuent aujourd'hui, puisque les habitants ne mettent que quatre jours pour se rendre à
Adoua, résidence du roi Oubi, et le point le plus com-
merçant de l'Abyssinie.

Le pays est sain, la terre plus fertile que partout
ailleurs sur ce littoral, et par une heureuse disposition
géographique, les influences du climat sont plus favorables là que sur tout autre point. La navigation peut
se faire en tout temps, et avec succès, de là vers tous
les ports de la rive asiatique de cette mer. Le rivage
est on ne peut plus convenable à la conservation des
produits de ces contrées; car, bien que les pluies
soient périodiques dans les plaines avancées de quelques milles dans l'intérieur, les bords de la mer en
sont exempts, et par cela même rendent le climat très
propice aux nombreux mouvements de toutes les graines
qui font les richesses de ces pays.

Le territoire concédé est compris entre l'île de Coordomeat et la roche dite White-Quoin-Hill qui se trouve
au sud d'Haycock, sur une profondeur (à partir
de Edd) de trois lieues dans l'intérieur. Ce territoire,
d'origine volcanique, est arrosé par une foule de
sources. Il est recouvert d'une épaisse couche de terre
végétale et susceptible de la plus grande fertilité. Les
terres légères du bord de la mer contiennent une petite
quantité de sel fixe; mais après les premières lignes de
montagnes, le café même vient sans culture. Les chameaux, les dromadaires, les mules, etc., peuvent
parcourir tout le pays avec la plus grande facilité. Les
bœufs peuvent venir de l'intérieur sans éprouver la
moindre fatigue, ce qui donnerait au commerce des
cuirs et des suifs une extension qu'il n'a pu avoir jus-

qu'à ce jour ; car les routes étant beaucoup plus longues par les autres voies, les cuirs ne peuvent arriver aux ports de mer qu'après avoir coûté des frais considérables. D'un autre côté, si l'on faisait venir de l'intérieur, pour les abattre aux lieux d'embarquement, des animaux maigres et exténués de fatigue, on n'obtiendrait que des cuirs inférieurs, et dont le prix de revient, à bord, différerait peu du prix de ceux qui seraient arrivés par voie de transport. Les habitants de Edd sont industrieux ; comme tous les peuples d'Afrique, ils sont marchands par excellence ; mais, ne possédant aucune ressource, ils n'ont pas le moyen de faire diriger les caravanes de l'intérieur sur leur pays. Leur unique commerce est celui des esclaves, qu'ils vont vendre à Moka, où ils se procurent les objets nécessaires pour en acheter d'autres, aussi bien que les étoffes avec lesquelles ils s'habillent.

Ils élèvent à quelques milles dans l'intérieur des troupeaux aussi nombreux que leurs besoins l'exigent ; ils font une très grande consommation de beurre, de miel et de fromage, que le pays produit abondamment ; et, comme le rivage est très poissonneux, ils ont ainsi tous les moyens de satisfaire aux premiers besoins de la vie.

Ils feraient tout ce qui dépendrait d'eux pour se procurer un état plus prospère, et pour donner essor au luxe qu'ils aiment chez leurs femmes : aussi, ils nous disaient qu'ils nous reverraient avec bonheur ; que nous pouvions compter sur le dévouement de tous les habitants, et que peu de jours après notre arrivée, nous verrions de nombreuses populations venir se grouper autour de nous.

———

Les limites de ces notes ne me permettent pas d'entrer dans l'historique de mes différents voyages sur les côtes occidentales de la mer Rouge ; je les terminerai par quelques observations nautiques sur Edd.

Mon opinion sur l'excellent travail de M. Moresby était depuis longtemps fixée ; mais j'avais besoin de voir plusieurs fois les choses pour apprécier toutes les inexactitudes de ses prédécesseurs.

Nous remarquâmes avec satisfaction que M. Moresby avait apporté le plus grand soin dans son hydrographie ; et si quelques particularités lui ont échappé, elles sont en bien petit nombre, et tiennent plutôt à la localité et au détail qu'au travail en général.

Le groupe de Coordomeat, dans le nord de Edd, est plus à l'est qu'il n'est marqué sur le nouveau plan.

Le passage entre la plus ouest de ces îles et le continent africain n'est pas libre, comme l'indique la même autorité. Il y a 5 milles environ de la plage à l'île la plus voisine ; la partie de cette plage la plus rapprochée de la plus petite île du groupe, peut être aisément reconnue par quelques arbrisseaux et quelques touffes de verdure, nourris par une petite rivière qui se jette à la mer ; à 2 milles environ de cette petite rivière, et sur la ligne droite qui passe par son embouchure et la plus petite des îles, se trouve une roche qui n'est recouverte que par 4 pieds d'eau. Cette roche est d'autant plus dangereuse que l'œil ne peut l'apercevoir comme la plupart des dangers de la mer Rouge, car les eaux de la rivière teignent la mer au-delà de cet écueil.

Le groupe de Coordomeat n'a pas sa plus grande longueur dans le sens indiqué par la nouvelle carte, mais bien dans une position orthogonale ; c'est-à-dire que la plus grande des îles se trouve à l'est des petites.

comme aussi le récif indiqué à l'ouest de la grande se prolonge dans la direction du nord.

A partir de la petite rivière dont nous parlions plus haut, la côte jusqu'à Edd suit à peu près le S. 11° E., sur une distance de 10 milles; le rivage est sain, et peut être approché jusqu'à deux brasses sans le moindre danger.

La côte, à partir de la seconde baie de Edd, se dirige d'abord à l'est; puis, avec une légère courbure, elle prend la direction sud-est jusqu'à Haycock, qui est éloigné de la pointe de Edd de 13 milles.

Sur toute cette étendue on peut laisser tomber l'ancre sur des fonds de vase dont le brassiage varie suivant la proximité de terre, et est toujours convenable, puisqu'il est encore de 12 à 14 brasses à plusieurs milles au large.

Il n'y a pas de nécessité qui puisse obliger un grand bâtiment à passer entre l'île de Coordarlee et le continent. Ce passage est parsemé de coraux qui rendent le fond très inégal, font varier les sondes de 2 à 12 brasses, et engageraient les ancres si le calme obligeait à les y laisser tomber.

Si, la nuit on se trouvait naviguant dans ces parages, et que le temps fût obscur, il faudrait avoir beaucoup d'attention pour éviter la roche qui se trouve à 3 milles dans le nord-est de Coordarlay. Cette roche serait d'autant plus à craindre que la mer ne brise pas dessus, que la sonde ne peut pas l'indiquer, puisqu'il y a autant d'eau à son pied qu'à une assez grande distance, et enfin que dans les plus grandes marées son sommet couvre presque entièrement.

La rive africaine de la mer Rouge n'est pas, comme la rive asiatique, en butte aux violentes rafales du sud et du sud-est que l'on ressent du 15 octobre au 15 janvier dans la partie sud de cette mer. A Edd et à Haycock, ces brises sont plus modérées ; mais, dans tous les cas, les bâtiments en mouillage ne courent aucun danger. La baie de Edd n'est pas aussi abritée que celle d'Haycock ; mais dans l'une comme dans l'autre de ces rades, les navires sont très en sûreté.

Les communications sont on ne peut plus faciles ; il n'y a aucune barre à franchir avec les canots ou les chaloupes, et les plus grands bâtiments peuvent y mouiller à portée de voix. Le port d'Haycock cependant est à tous égards préférable à celui de Edd ; il est plus profond, et les bâtiments pourraient dans certains endroits s'amarrer à toucher la terre.

Dans toute la baie d'Haycock, et à partir de cette baie vers Edd, les sondes varient de 6 à 8 brasses, et diminuent successivement jusqu'à 4, profondeur que l'on trouve très près du rivage. En se dirigeant sur l'autre côté de la baie, c'est-à-dire vers Jibbel-Abbelate, les sondes sont plus grandes, et varient de 12 à 20 brasses jusque très près des îles volcaniques, où l'on trouve encore ce brassiage. De Haycock à White-Quoin-Hill, il n'y a pas un seul danger caché ; les quelques roches qui existent sont très apparentes ; on peut mouiller sur toute l'étendue de cette côte quand les circonstances le commandent : partout on trouve des fonds convenables de 12 à 14 brasses.

Note du Rédacteur. L'acquisition du territoire d'Edd (pays qui a une vingtaine de lieues de longueur), par une compagnie de commerce française, a fait assez de bruit dans le temps pour qu'on désirât avoir des détails sur ce quartier de l'Abyssinie, dont on ignorait presque la position et le nom, il y a peu d'années encore : ceux que M. le capitaine Broquant a bien voulu communiquer nous ont paru neufs et dignes de trouver ici une place. J.-D.

EXTRAIT DU BULLETIN DE LA SOCIÉTÉ DE GÉOGRAPHIE.

(Février 1843.)

TABLE DES ARTICLES.

—

Pages.

—

Imprimerie de Bourgogne et Martinet, rue Jacob, 30.

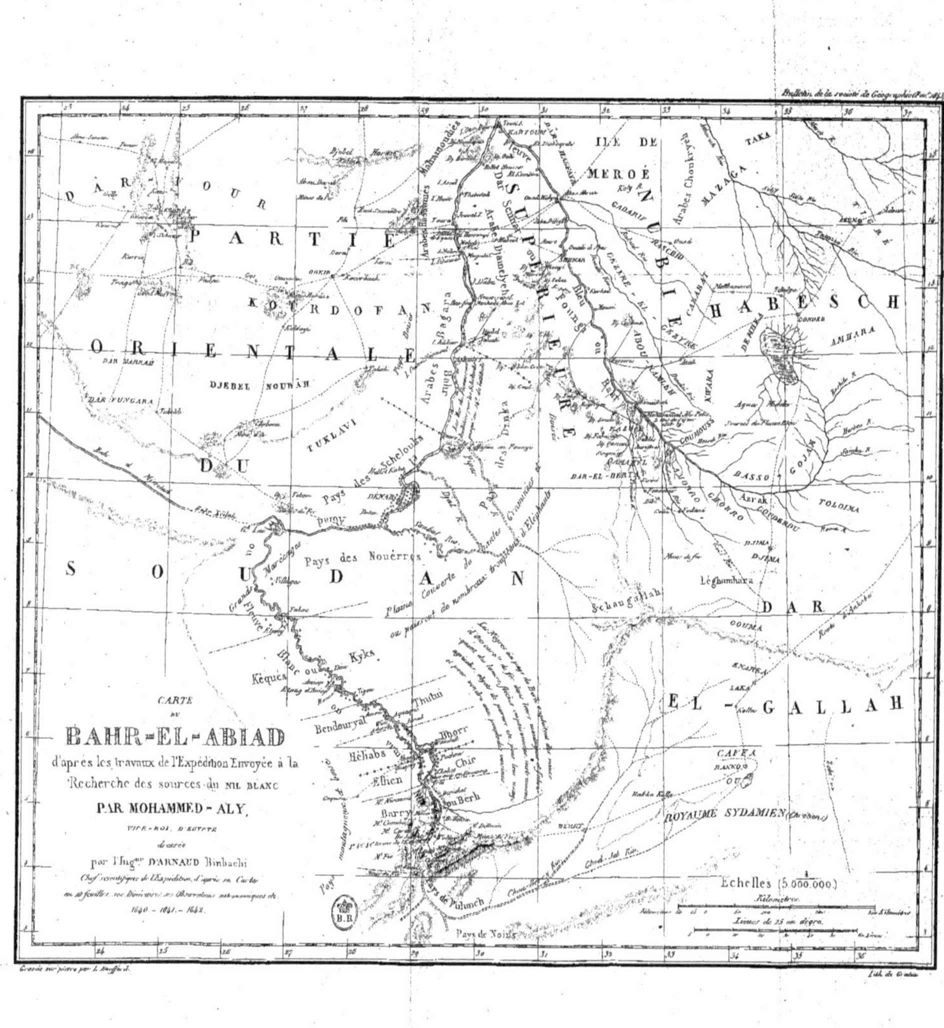
Bulletin de la société de Géographie Oct. 1843
DAR FOUR
PARTIE
ORIENTALE
DU
SOUDAN
KOURDOFAN
DJEBEL NOUBAH
TUKLAVI
DAR MARRAH
DAR FUNGARA
MEROÉ
ILE DE
NUBIE SUPERIEURE
HABESCH
AMHARA
GOJAM
BASSO
TOLOIMA
MAZACA TAKA
KARTOUM
Pays des Schelouks
Pays des Nouérros
Bhac ou Kyks.
Kéques
Hélabs
Ellien
Barry
Bendouryal
Thibu
Bhorr
Chir
Schaugallah
DAR
EL - GALLAH
Léghamhara
CAFFA
BLANCO
OU
ROYAUME SYDAMIEN (Chrétien.)
Pays de Noirs
CARTE
DU
BAHR-EL-ABIAD
d'après les travaux de l'Expédition Envoyée à la
Recherche des sources du NIL BLANC
PAR MOHAMMED-ALY,
VICE-ROI D'EGYPTE
dressée
par l'Ing.r D'ARNAUD Binbachi
Chef scientifique de l'Expédition, d'après sa Carte
en 10 feuilles, ses Itinéraires et Observations astronomiques de
1840 - 1841 - 1842.
Echelles (5.000.000)
Kilomètres.
Lieues de 25 au degré.
Gravée sur pierre par L. Bouffard.
Lith. de Gratia
B.R.

Paris. — Imprimerie de Bourgogne et Martinet, rue Jacob, 30.

www.ingramcontent.com/pod-product-compliance
Ingram Content Group UK Ltd.
Pitfield, Milton Keynes, MK11 3LW, UK
UKHW021126140726
13695UKWH00004B/1738